FEESTELIJKE GERECHTJES OM TE DELEN

Chocolade

citrus

Inhoud

Granola met banaan & chocolade

VOORBEREIDING 10 MIN. | BEREIDING 45 MIN.

VOOR CA. 400 G

2 bananen + naar wens voor de garnering
2 eiwitten
200 g havermout
75 g hazelnoten
50 g pure chocolade

RECEPT

- **Verwarm de oven voor op 165 °C.**
- **Prak de bananen met een vork. Spatel de eiwitten erdoor. Roer zodra alles goed gemengd is de havermout erdoor.**
- **Verdeel de granola gelijkmatig over een met bakpapier beklede bakplaat.**
- **Bak de granola 30 minuten in de oven. Haal de bakplaat eruit, bestrooi met de gebroken hazelnoten en bak nog 15 minuten.**
- **Laat goed afkoelen. Breek intussen de chocolade in stukjes en voeg ze toe aan de afgekoelde granola.**
- **Bewaar de granola in een glazen pot.**
- **Voeg vlak voor het serveren eventueel nog verse plakjes banaan toe.**

Cannelés

VOORBEREIDING 10 MIN. | BEREIDING 35 MIN. | KOELTIJD 12 U

VOOR 4 PERSONEN

500 ml melk
250 g basterdsuiker
80 g boter
1 eetlepel vanille-extract
5 ml bruine rum
70 g pure chocolade
2 eieren + 2 eidooiers
100 g bloem
20 g cacao
1 snufje zout

RECEPT

- **Verwarm de oven voor op 210 °C.**
- **Breng in een steelpan de melk aan de kook met de helft van de basterdsuiker en alle boter, het vanille-extract, de rum en de in stukjes gebroken chocolade. Klop tot er een gelijkmatig mengsel ontstaat.**
- **Klop de eieren en dooiers los met de rest van de suiker en het zout. Spatel de bloem en cacao erdoor.**
- **Schenk het melkmengsel erbij en klop goed.**
- **Laat dit 12 uur op een koele plek rusten.**
- **Vul beboterde cannelévormpjes voor driekwart met het mengsel en bak de cannelés 20 minuten in de oven.**

Woestijnrozen

VOORBEREIDING 10 MIN. | KOELTIJD 3 U

VOOR 10 ROZEN

150 g pure chocolade
100 g boter
100 g cornflakes
poedersuiker, voor de decoratie (naar keuze)

RECEPT

- Smelt de chocolade en boter samen au bain-marie of in de magnetron.
- Roer de cornflakes door het gesmolten mengsel.
- Leg kleine bergjes van dit mengsel op bakpapier.
- Laat ze ten minste 3 uur op een koele plek rusten.
- Bestuif indien gewenst de woestijnrozen met poedersuiker.

Chocomadeleines

VOORBEREIDING 10 MIN. | BEREIDING 12 MIN. | KOELTIJD 30 MIN.

VOOR 20 MADELEINES

3 eieren
100 g basterdsuiker
110 g bloem
½ zakje bakpoeder
90 g boter
110 g pure dessertchocolade
20 blokjes chocolade met pralinévulling

RECEPT

- Verwarm de oven voor op 220 °C.
- Klop de eieren en suiker tot een bleek mengsel. Voeg de bloem en het bakpoeder toe.
- Smelt de boter en chocolade samen au bain-marie of in de magnetron.
- Laat 30 minuten op een koele plek rusten. Doe 1 eetlepel beslag in elk madeleinevormpje en druk er een blokje pralinéchocolade in.
- Bak de madeleines 5 minuten, zet de oventemperatuur lager (200 °C) en bak nog 7 minuten.

Vries desgewenst rauwe madeleines in hun vormpjes in. Haal ze dan uit hun vormpjes en stop ze in een diepvrieszak. Op de dag van consumptie leg je de bevroren madeleines weer in hun vorm. Bak ze 2 minuten langer dan de aangegeven baktijd.

Crinkles

VOORBEREIDING 25 MIN. | BEREIDING 11 MIN. | KOELTIJD 2 U

VOOR CA. 16 KOEKJES

50 g boter
200 g chocolade
2 eieren
80 g ruwe rietsuiker
1 zakje vanillesuiker
210 g bloem
½ theelepel bakpoeder
1 snufje zout
poedersuiker, naar behoefte

RECEPT

- **Verwarm de oven voor op 180 °C.**
- **Smelt de boter en chocolade samen au bain-marie of in de magnetron. Meng goed.**
- **Klop de eieren met de riet- en vanillesuiker bleek en schuimig. Voeg de chocolade, bloem, het bakpoeder en het zout toe.**
- **Laat het deeg 2 uur rusten op een koele plek.**
- **Vorm er balletjes van ter grootte van een walnoot en rol ze door de poedersuiker.**
- **Leg de balletjes op een met bakpapier beklede bakplaat en bak ze 11 minuten in de oven.**
- **Serveer de crinkles bij voorkeur koud.**

Tijgercakejes

VOORBEREIDING 20 MIN. | BEREIDING 15 MIN. | KOELTIJD 2 U

VOOR 6 PERSONEN

Voor de amandelcakejes:
80 g boter
55 g bloem
145 g basterdsuiker
50 g amandelmeel
2 g bakpoeder
5 eiwitten
125 g chocoladedruppels
1 snufje zout

Voor de chocoladeganache:
100 g pure chocolade
10 g boter
100 ml slagroom

RECEPT

- **Verwarm de oven voor op 170 °C.**
- **Smelt de boter in een steelpan en wacht tot hij hazelnootbruin kleurt. Zeef hem en laat afkoelen tot lauw.**
- **Meng de bloem, suiker, het amandelmeel, bakpoeder en zout. Voeg beetje bij beetje de eiwitten toe, gevolgd door de gezeefde boter.**
- **Spatel de chocoladedruppels door het beslag en meng goed. Schenk het in beboterde donutvormpjes. Bak de cakejes 15 minuten in de oven en laat ze afkoelen.**
- **Smelt voor de ganache de chocolade en boter samen au bain-marie of in de magnetron.**
- **Breng de slagroom aan de kook en spatel de warme room in 3 porties door het chocolade-botermengsel.**
- **Schenk ganache in het hart van elk tijgercakeje en laat 2 uur opstijven op een koele plek.**

Hemelse donuts

VOORBEREIDING 20 MIN. | BEREIDING 12 MIN. | RUSTTIJD 2 U

VOOR 12 DONUTS

60 g chocolade
50 g boter
6 eetlepels melk
1 gesplitst ei + 1 eiwit voor het glazuur
120 g bloem
60 g basterdsuiker
½ zakje bakpoeder
200 g poedersuiker
2 eiwitten
voedselkleurstoffen, blauw en rood

RECEPT

- **Verwarm de oven voor op 200 °C.**
- **Smelt de chocolade en boter samen in de magnetron of au bain-marie.**
- **Voeg de melk en eidooier toe. Meng goed.**
- **Voeg de bloem, basterdsuiker en het bakpoeder toe. Meng weer.**
- **Klop het eerste eiwit stijf en spatel het voorzichtig door het beslag.**
- **Schenk het beslag in beboterde donutvormpjes en bak het 12 minuten.**
- **Laat afkoelen voor je de vormpjes verwijdert.**
- **Klop de poedersuiker en het resterende eiwit door elkaar. Laat enkele druppels kleurstof op het oppervlak vallen en dompel de bovenkant van elke donut erin; draai deze een beetje en voeg naar behoefte nog wat kleurstof toe.**
- **Leg de donuts op bakpapier en laat gedurende 2 uur stollen.**

Karamelgebakjes

VOORBEREIDING 20 MIN. | BEREIDING 30 MIN. | KOELTIJD 2 U

VOOR 6 PERSONEN

200 g pure of melkchocolade

Voor de karamel:
400 g gezoete gecondenseerde melk
120 g boter

Voor het zandgebak:
300 g bloem
200 g zachte boter
100 g basterdsuiker

RECEPT

- **Verwarm de oven voor op 150 °C.**
- **Kneed beetje bij beetje de bloem door de boter. Voeg de suiker toe. Kneed tot je een samenhangend deeg hebt.**
- **Verdeel het deeg gelijkmatig over een beboterde springvorm tot een laag van circa 1 cm dik en bak het 30 minuten in de oven.**
- **Verwarm in een steelpan op laag vuur de gecondenseerde melk en de boter in stukjes, roer voortdurend tot het mengsel indikt en aan de kook komt.**
- **Schenk het mengsel over het gebak en laat afkoelen tot lauw.**
- **Smelt de chocolade au bain-marie of in de magnetron en bedek de karamel ermee. Strijk glad en laat 2 uur opstijven op een koele plek.**
- **Snijd in vierkantjes van circa 5 x 5 cm per kant en serveer ze.**

Krokante koekjes

VOORBEREIDING 10 MIN. | BEREIDING 8 MIN. | RUSTTIJD 2 U

VOOR 30 KOEKJES

200 g havermout
300 g basterdsuiker
70 g bloem
½ theelepel bakpoeder
180 g (bak-)margarine
1 ei
4 druppels vanille-extract
300 g pure chocolade
1 snufje zout

RECEPT

- Verwarm de oven voor op 200 °C.
- Maal met een staafmixer de havermout tot een grof poeder.
- Doe het poeder in een kom. Voeg de suiker, bloem, het bakpoeder en zout toe. Meng goed.
- Smelt de margarine au bain-marie of in de magnetron en voeg toe.
- Voeg het ei en de vanille toe, meng tot het ei is opgenomen en laat minstens 2 uur rusten.
- Vorm balletjes van circa 10 g en leg ze op een vel bakpapier, op 15 cm van elkaar. Druk plat.
- Bak ze 7 à 9 minuten. Ze zijn klaar als de randjes goudbruin kleuren maar ze daarbinnen nog licht zijn.
- Smelt de chocolade in de magnetron of au bain-marie. Dompel één kant van de helft van de koekjes erin en keer om. Leg er een tweede (naturel) koekje op en laat de chocolade opstijven. Klaar!

Onweerstaanbare cookies

VOORBEREIDING 15 MIN. | BEREIDING 10 MIN

VOOR 12 COOKIES

85 g zachte boter
85 g ruwe rietsuiker
1 ei
1 theelepel vanille-extract (naar keuze)
1 theelepel bakpoeder
½ theelepel zout
150 g bloem
110 g pure chocolade

RECEPT

- Verwarm de oven voor op 180 °C.
- Klop de boter en suiker door elkaar met een mixer.
- Voeg het ei en het vanille-extract toe.
- Klop beetje bij beetje het bakpoeder, zout en de bloem erdoor.
- Snijd de chocolade in stukjes (niet groter dan halve blokjes) en spatel ze door het mengsel.
- Leg balletjes cookiedeeg ter grootte van een walnoot op een met bakpapier beklede bakplaat, op voldoende afstand van elkaar.
- Bak de cookies circa 10 minuten in de oven. De randen van de cookies moeten bruin kleuren.
- Serveer ze lauw of koud

Brookies

VOORBEREIDING 20 MIN. | BEREIDING 20 MIN.

VOOR 8 PERSONEN

Voor de brownie:
125 g pure chocolade
75 g boter
125 g basterdsuiker
2 eieren
75 g bloem
50 g pecannoten, gebroken
1 snufje zout

Voor het cookiedeeg:
135 g ruwe rietsuiker
120 g zachte boter
1 ei
165 g bloem
1 afgestreken theelepel bakpoeder
100 g chocoladedruppels
1 snufje zout

RECEPT

- **Verwarm de oven voor op 180 °C. Beboter een vierkante bakvorm van 23 x 23 cm of bekleed deze met bakpapier.**
- **Smelt voor de brownie de chocolade en boter samen au bain-marie of in de magnetron. Voeg de basterdsuiker toe en meng goed. Klop de eieren er een voor een door, gevolgd door de bloem, pecannoten en zout.**
- **Schenk het beslag in de vorm. Strijk het oppervlak glad met een spatel of de achterkant van een lepel.**
- **Klop voor het cookiedeeg de rietsuiker en boter met een garde tot een bleke massa. Voeg het ei toe en klop tot het goed opgenomen is. Voeg dan de bloem, het bakpoeder, de chocoladedruppels en zout toe. Meng grofweg.**
- **Verkruimel dit deeg over de brownie, zoals je doet bij een crumble. Bak de brownie 20 minuten in de oven.**
- **Het gebak is klaar als een mes dat je erin steekt, er licht vochtig weer uit komt.**
- **Laat afkoelen en snijd in vierkantjes.**

Smeltende cake

VOORBEREIDING 10 MIN. | BEREIDING 25 MIN.

VOOR 6 PERSONEN

140 g zachte boter
125 g rietsuiker
50 g basterdsuiker
1 ei + 1 eidooier
190 g bloem
1½ theelepel koekkruiden
1 theelepel bakpoeder
75 g witte chocolade
75 g melkchocolade

RECEPT

- Verwarm de oven voor op 180 °C.
- Klop de boter en beide soorten suiker met een garde of mixer tot een romig mengsel. Klop de eieren erdoor.
- Meng de bloem, koekkruiden en het bakpoeder en spatel ze door het voorgaande mengsel.
- Snijd beide soorten chocolade in halve blokjes en roer ze door het beslag.
- Schenk het beslag in een vierkante bakvorm bekleed met bakpapier en bak de cake 25 minuten in de oven.
- Laat afkoelen en snijd in vierkantjes.
- Je kunt ze 3-4 dagen bewaren in een koektrommel of glazen pot.

Brownie met bite

VOORBEREIDING 20 MIN. | BEREIDING 30 MIN. | KOELTIJD 2 U

VOOR 4 PERSONEN

Voor de brownie:
100 g chocolade
125 g boter
175 g ruwe rietsuiker
2 eieren
100 g bloem
2 eetlepels cacao

Voor de garnering:
100 g popcorn (naturel of met chocolade)
250 g salted caramel saus

Voor de ganache:
200 g pure chocolade
20 g boter
200 ml slagroom

RECEPT

- Verwarm de oven voor op 180 °C.
- Smelt voor de brownie de chocolade en boter samen au bain-marie of in de magnetron. Meng alle andere ingrediënten en roer dan de gesmolten chocolade er goed door.
- Schenk het beslag in een ovenschaal die je hebt bekleed met bakpapier. Bak het 25 à 30 minuten in de oven. Laat afkoelen in de vorm.
- Schep de popcorn door de salted caramel saus tot alles goed gemengd is. Breng de karamel aan op de brownie. Bewaar op een koele plek.
- Smelt voor de ganache de chocolade en boter samen au bain-marie of in de magnetron. Breng de slagroom aan de kook en spatel de warme room in 3 porties door het chocolade-botermengsel.
- Zodra de ganache glad en homogeen is schenk je deze ook over de brownie. Laat het geheel ten minste 2 uur opstijven op een koele plek.
- Snijd de brownie in repen en bestuif ze met cacao.

Zebrataart

VOORBEREIDING 15 MIN. | BEREIDING 40 MIN.

VOOR 8 PERSONEN

boter + bloem, voor de taartvorm
250 ml koolzaadolie of 250 g gesmolten boter
4 eieren
250 g basterdsuiker
100 ml melk
300 g bloem
1 eetlepel bakpoeder
25 g cacao
1 theelepel vanille-extract

RECEPT

- **Beboter een taartvorm en bestuif hem met bloem. Verwarm de oven voor op 180 °C.**
- **Doe de olie (of gesmolten boter), eieren, suiker en melk in een kom en klop alles glad met een lepel.**
- **Verdeel het mengsel over 2 even grote kommen.**
- **Doe de helft van de bloem, de helft van het bakpoeder en alle cacao in de ene kom. Meng alles tot een glad beslag.**
- **Doe de rest van de bloem en het bakpoeder in de tweede kom en voeg de vanille toe. Meng alles tot een glad beslag.**
- **Schenk in het midden van de taartvorm een klein beetje van elk beslag, het een op het ander, en herhaal dit; zorg dat je de kleuren steeds afwisselt. Het beslag zal door de vorm lopen.**
- **Bak de taart 30 à 40 minuten. Een mes dat je erin steekt, moet er schoon weer uit komen: dan is de taart gaar.**

Courgette-chocotaart

VOORBEREIDING 15 MIN. | BEREIDING 25 MIN.

VOOR 6 PERSONEN

300 g dessertchocolade
200 g courgette
3 eieren
100 g basterdsuiker
70 g bloem
½ zakje bakpoeder
1 snufje zout
1 eetlepel poedersuiker (naar keuze)

RECEPT

- Verwarm de oven voor op 180 °C.
- Smelt 200 g chocolade au bain-marie of in de magnetron. Breek de resterende chocolade in stukjes.
- Rasp de courgette fijn.
- Klop de eieren en suiker in een kom tot een vrij bleek mengsel. Roer de courgette erdoor.
- Voeg de gesmolten chocolade toe, gevolgd door de bloem, het bakpoeder en het zout. Meng goed en schenk het beslag in een beboterde of met bakpapier beklede vorm. Druk de blokjes chocolade op gelijkmatige wijze erin en bak de taart circa 25 minuten in de oven.
- Bestuif de afgekoelde taart indien gewenst met de poedersuiker.

De courgette vervangt de boter, waardoor deze taart minder vet is. De smaak van de groente verdwijnt volledig na het bakken.

Smeltende chocoladetaart

VOORBEREIDING 15 MIN. | BEREIDING 25 MIN.

VOOR 6 PERSONEN

200 g pure dessertchocolade
150 g zachte boter
150 g basterdsuiker
3 eieren
50 g bloem
poedersuiker en vanille-ijs, naar behoefte

RECEPT

- **Verwarm de oven voor op 150 °C.**
- **Smelt de chocolade au bain-marie of in de magnetron.**
- **Klop in een kom de boter en suiker tot een romig geheel.**
- **Voeg de eieren een voor een toe, afgewisseld met de bloem. Klop het beslag steeds glad voor je weer iets toevoegt.**
- **Voeg de gesmolten chocolade toe en meng goed.**
- **Beboter een vorm en schenk het mengsel erin.**
- **Bak de taart 25 à 30 minuten in de oven.**
- **Bestuif de afgekoelde taart met poedersuiker en geef er een bolletje vanille-ijs bij.**

Moulleux au chocolat

VOORBEREIDING 10 MIN. | BEREIDING 10 MIN.

VOOR 4 PERSONEN

100 g boter
100 g pure chocolade + 8 blokjes
2 eieren
50 g basterdsuiker
30 g bloem

RECEPT

- Verwarm de oven voor op 180 °C.
- Doe de boter en chocolade in een geschikte schaal en smelt ze in de magnetron of au bain-marie. Zet apart.
- Klop met een mixer de eieren en suiker tot een bleke massa.
- Voeg de bloem toe en blijf kloppen.
- Spatel de gesmolten boter en chocolade erdoor. Klop alles dan tot een glad beslag.
- Beboter 4 ramequins en vul ze voor 2/3 met beslag.
- Druk 2 blokjes chocolade in elke ramequin. Bedekt met de rest van het beslag.
- Bak de cakejes 10 minuten.
- Serveer ze lauw met bijvoorbeeld een bolletje vanille-ijs, frambozencoulis, of gezouten karamel.

Cakereep

VOORBEREIDING 10 MIN. | BEREIDING 50 MIN. | KOELTIJD 2 U

VOOR 6 PERSONEN

160 g pure dessertchocolade
100 g boter
4 eieren
100 g basterdsuiker
115 g bloem
500 ml melk
1 snufje zout

Voor het glazuur:
120 g pure dessertchocolade
20 g boter

RECEPT

- Verwarm de oven voor op 150 °C.
- Smelt de chocolade en boter au bain-marie of in de magnetron.
- Splits de eieren.
- Klop de dooiers los met de suiker. Spatel dit mengsel door de chocolade.
- Meng de bloem en melk erdoor tot je een glad beslag hebt, zonder klontjes.
- Klop de eiwitten met het zout stijf en spatel ze voorzichtig grofweg door het beslag.
- Schenk het beslag in de vorm van een chocoladereep (of in een bakvorm van 22 cm).
- Bak de cake 50 minuten in de oven: hij moet nog wat drillen.
- Laat hem ten minste 2 uur op een koele plek rusten.
- Smelt voor het glazuur de chocolade en boter samen au bain-marie of in de magnetron. Roer goed . Zet de cake op een rooster en schenk het glazuur erover. Zet op een taartbord en serveer.

Taart zonder oven

VOORBEREIDING 10 MIN. | KOELTIJD 2 U

VOOR 6 PERSONEN

300 g pure chocolade
40 g boter
100 ml slagroom
18 biscuitjes (liefst Franse Petit Beurre-biscuitjes)
100 g salted caramel saus

RECEPT

- Smelt de chocolade en boter samen au bain-marie of in de magnetron.
- Warm de room op tot lauw en voeg in 3 porties toe aan het chocolademengsel.
- Roer tot een glad geheel en laat dit een beetje afkoelen.
- Schenk een laag ganache in een met plasticfolie bekleed cakeblik, leg daarop een laag biscuitjes en ga zo verder tot alle bestanddelen op zijn.
- Laat op een koele plek ten minste 2 uur rusten voor je de taart stort.
- Zet de taart voor het serveren 15 minuten op kamertemperatuur.
- Besprenkel de punten desgewenst met salted caramel saus.

Vanille-chococake

VOORBEREIDING 20 MIN. | BEREIDING 60 MIN. | INVRIESTIJD 1 U

VOOR 6 PERSONEN

250 g boter
70 ml sterke koffie
125 ml water
225 g bloem
½ zakje bakpoeder
25 g cacao
300 g basterdsuiker
2 eieren
3 eetlepels vanille-extract
1 l vanille-ijs
100 g salted caramel saus

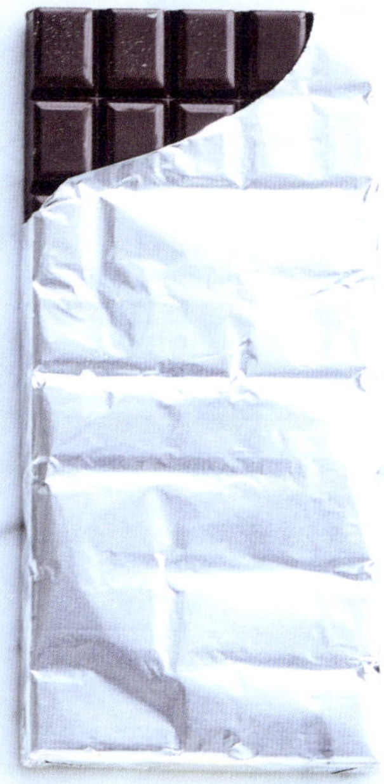

RECEPT

- **Verwarm de oven voor op 160 °C.**
- **Smelt in een steelpan op laag vuur 100 g boter in een mengsel van de koffie en het water.**
- **Meng in een kom het koffiemengsel met de rest van de boter, de bloem, het bakpoeder, de cacao en de suiker.**
- **Voeg de eieren en het vanille-extract toe en meng goed.**
- **Schenk het beslag in een beboterd cakeblik en bak de cake 1 uur in de oven. Laat volledig afkoelen.**
- **Halveer de cake horizontaal.**
- **Bekleed hetzelfde blik nu met plasticfolie en leg de onderste cakehelft terug. Besprenkel met salted caramel saus, schep daarop vanille-ijs, besprenkel weer met salted caramel saus en leg de bovenste cakehelft erop.**
- **Laat het geheel 1 uur opstijven in de vriezer voor je het serveert. Besprenkel de plakken desgewenst nogmaals met salted caramel saus.**

Cheesecake in brûléestijl

VOORBEREIDING 20 MIN. | BEREIDING 60 MIN. | RUSTTIJD 2 U

VOOR 4 PERSONEN

340 g chocoladekoekjes
40 g amandelmeel
100 g gesmolten boter
500 g roomkaas (type Philadelphia®)
350 g ricotta
200 g basterdsuiker
4 eieren
1 eetlepel vanille-extract
50 g maizena
200 g gesmolten pure chocolade
rietsuiker, voor het brûléelaagje

RECEPT

- Verwarm de oven voor op 150 °C.
- Verkruimel de koekjes en meng ze met het amandelmeel en de gesmolten boter.
- Bekleed de bodem van een springvorm met bakpapier en druk het koekjesmengsel op deze bodem. Zet op een koele plek.
- Klop de roomkaas, ricotta, basterdsuiker, eieren en vanille-extract 2-3 minuten met een mixer.
- Bewaar twee derde van dit mengsel. Voeg de rest samen met de maizena toe aan de gesmolten chocolade. Verdeel dit chocolademengsel over de koekjesbodem en strijk glad.
- Verdeel de rest van het roomkaasmengsel erover. Bak de taart 1 uur in de oven.
- Zet de oven uit maar laat de taart er nog 15 minuten in staan. Laat hem dan nog 2 uur bij kamertemperatuur rusten en laat hem tot slot op een koele plek volledig koud worden.
- Bestrooi met rietsuiker en laat deze met een crème brûlée brander karamelliseren. Dien op.

Chocoladeflan

VOORBEREIDING 20 MIN. | BEREIDING 40 MIN.

VOOR 6 PERSONEN

1 rol bladerdeeg (koeling)
120 g pure dessertchocolade
1 l melk
2 eieren
150 g basterdsuiker
100 g maizena
1 volle eetlepel cacao

RECEPT

- **Verwarm de oven voor op 180 °C.**
- **Rol het bladerdeeg uit en bekleed daarmee een springvorm van 26 cm. Prik er met een vork gaatjes in.**
- **Schaaf met een dunschiller enkele krullen van de chocolade en smelt de rest in een steelpan met de melk.**
- **Klop in een kom de eieren en suiker tot een bleek geheel. Roer de maizena en cacao erdoor.**
- **Schenk de helft van de chocomelk bij de eiermassa en meng goed.**
- **Schenk de rest van de chocomelk erbij en verwarm op laag vuur; roer voortdurend met een garde tot alles ingedikt is.**
- **Schenk de chocovulling op het deeg in de vorm, strijk glad met een spatel en bak de flan 30 minuten in de oven. Laat afkoelen voor je de vorm verwijdert.**

Peren-chococake

VOORBEREIDING 15 MIN. | BEREIDING 45 MIN.

VOOR 6 PERSONEN

120 g zachte boter
120 g basterdsuiker
4 eieren
50 ml slagroom
150 g gesmolten pure chocolade
80 g amandelmeel
1 eetlepel cacao
1 theelepel bakpoeder
1 snufje zout
40 g bloem
3 peren

RECEPT

- Verwarm de oven voor op 180 °C.
- Klop de zachte boter met de suiker tot een bleek geheel.
- Klop de eieren en slagroom erdoor tot het beslag glad is; roer dan de gesmolten chocolade erdoor.
- Meng alle resterende droge ingrediënten er nu door.
- Bekleed een bakvorm met bakpapier en schenk een derde van het beslag erin.
- Zet de geschilde peren erop, op regelmatige afstand van elkaar.
- Bedek met de rest van het beslag.
- Bak de cake 40 minuten in de oven.
- Laat de cake 15 minuten rusten voor je de vorm verwijdert.

Blendertaart met chocoperen

VOORBEREIDING 5 MIN. | BEREIDING 25 MIN.

VOOR 6 PERSONEN

Voor het beslag:
410 ml melk
50 g amandelmeel
1 peer op siroop (blik)
50 g gesmolten boter
1 theelepel vanille-extract
2 eieren
50 g bloem
2 eetlepels cacao
100 g gesmolten pure chocolade
110 g basterdsuiker

Voor de topping:
400 g peren op siroop (blik)

RECETTE

- **Verwarm de oven voor op 180 °C.**
- **Pureer alle ingrediënten voor het beslag in de blender.**
- **Schenk in een spring- of taartvorm van 23 cm.**
- **Leg voor de topping de peren op regelmatige afstand van elkaar op het beslag en bak de taart 25 minuten in de oven.**
- **Laat afkoelen voor je de vorm verwijdert.**

Chocotaart met gekaramelliseerde bananen

VOORBEREIDING 20 MIN. | BEREIDING 30 MIN.

VOOR 6 PERSONEN

Voor de taartbodem:
60 g boter
40 g pure chocolade
75 g bloem
20 g kokosschaafsel
45 g ruwe rietsuiker
1 eetlepel cacao

Voor de karamel:
60 g boter
400 g gezoete gecondenseerde melk

Voor de decoratie:
6 bananen
60 g basterdsuiker

RECEPT

- Verwarm de oven voor op 180 °C.
- Smelt de boter en chocolade samen au bain-marie of in de magnetron.
- Roer het chocolademengsel en de andere ingrediënten door elkaar.
- Bekleed de bodem van een springvorm met bakpapier en schenk het beslag erop.
- Bak de taartbodem 14 minuten in de oven.
- Verwarm voor de karamel in een steelpan de gecondenseerde melk met de boter. Laat al roerend 10 à 15 minuten doorkoken, tot de karamel indikt en lichtjes verkleurt.
- Bestrijk de taartbodem met een dunne laag karamel.
- Halveer de bananen in de lengte. Leg ze op de taart en bestrooi met de basterdsuiker.
- Laat met een crème brûlée brander de suiker karamelliseren.
- Laat afkoelen tot lauw of koud.

Theetaartjes

VOORBEREIDING 15 MIN. | BEREIDING 15 MIN. | KOELTIJD 2 U

VOOR 8 TAARTJES

200 ml slagroom
2 zakjes earl grey thee
2 rollen taartdeeg (koeling)
200 g pure chocolade
20 g boter

RECEPT

- Verwarm de oven voor op 180 °C.
- Breng in een steelpan de slagroom aan de kook. Zet het vuur uit en laat de thee er zo lang mogelijk in trekken. Laat de slagroom afkoelen.
- Snijd cirkels uit het taartdeeg en leg ze in kleine taartvormpjes of in bakringen. Prik met een vork gaatjes in de bodempjes en bak ze 15 minuten in de oven.
- Smelt de chocolade en boter samen au bain-marie of in de magnetron.
- Breng de room opnieuw aan de kook. Haal de theezakjes eruit en spatel de warme room in 3 porties door het chocolademengsel, tot het glad is. Schenk dit op de taartbodempjes en laat ze 2 uur opstijven op een koele plek.
- Serveer koud of op kamertemperatuur.

Minitaartjes choco-karamel

VOORBEREIDING 15 MIN. | BEREIDING 20 MIN. | KOELTIJD 1 U

VOOR 4 TAARTJES

1 rol taartdeeg (koeling)
100 g salted caramel saus
330 ml slagroom
280 g chocolade
100 g boter

RECEPT

- Verwarm de oven voor op 180 °C.
- Steek met een glas of uitsteekvorm rondjes uit het deeg. Leg ze in minitaartvormpjes (of, als je die niet hebt, over de bollingen aan de achterkant van een muffinvorm). Prik het deeg in met een vork en bak het 15 minuten in de oven.
- Laat het deeg afkoelen en haal het uit de vormpjes.
- Vul deze taartbodempjes met een flinke laag salted caramel saus. Bewaar op een koele plek.
- Smelt de chocolade en boter samen au bain-marie of in de magnetron.
- Breng de slagroom aan de kook en voeg de warme room in 3 porties toe aan het chocolade-botermengsel; blijf kloppen tot het een gladde massa is.
- Schenk deze chocoladeganache op de taartjes en laat ten minste 1 uur opstijven op een koele plek.
- Serveer warm of lauw.

Surprise, Surprise!

VOORBEREIDING 10 MIN. | BEREIDING 20 MIN.

VOOR 4 PERSONEN

1 rol bladerdeeg (koeling)
1 reep chocolade
6 harde karamelsnoepjes (type Werther's Original)
1 eidooier

RECEPT

- Verwarm de oven voor op 210 °C.
- Rol het bladerdeeg uit op bakpapier.
- Leg de reep chocolade in het midden.
- Maak in het deeg langs de lange zijden van de chocoladereep inkepingen op 2 cm van elkaar.
- Breek de karamelsnoepjes met een deegroller en verdeel de helft ervan gelijkmatig over de chocolade.
- Sla het deeg aan de korte kanten van de chocoladereep óver de reep, zodat deze daar helemaal ingesloten wordt.
- Sla dan de stroken van de lange zijden zodanig over de chocoladereep zodat er een vlechteffect ontstaat.
- Bestrijk de vlecht met eidooier. Verdeel de overgebleven stukjes karamel over de bovenkant van de vlecht.
- Bak de vlecht 20 minuten.
- Serveer warm of op kamertemperatuur.

Tirami'crêpes

VOORBEREIDING 20 MIN. | BEREIDING 24 MIN. | KOELTIJD 3 U

VOOR 6 PERSONEN

Voor de crêpes:
3 eieren
4 eetlepels cacao
250 g bloem
500 ml melk
3 eetlepels olie of gesmolten boter
2 eetlepels rum (naar keuze)
1 snufje zout

Voor de tiramisucrème:
2 blaadjes gelatine
3 eidooiers
100 g basterdsuiker
1 zakje vanillesuiker
250 g mascarpone
1 espresso
30 g cacao

RECEPT

- **Klop voor het crêpebeslag de eieren los met het zout en de cacao. Voeg beetje bij beetje de bloem en melk toe; klop om het beslag te verdunnen zonder dat er klontjes ontstaan. Roer de olie of gesmolten boter en de rum erdoor.**
- **Bak 6 crêpes 2 minuten per kant in een ingevette, goed hete koekenpan.**
- **Week voor de crème de gelatine in een kommetje koud water.**
- **Klop de dooiers met beide soorten suiker tot een bleke massa.**
- **Klop er met een garde 200 g mascarpone door.**
- **Verhit de rest van de mascarpone in een pan en breng tegen de kook aan. Los de gelatine erin op.**
- **Voeg de mascarpone met gelatine toe aan het dooiermengsel en meng goed.**
- **Leg een crêpe op een serveerbord en bestrijk met een kwastje met espresso. Strijk de crème erover en leg er een tweede crêpe op. Ga zo verder tot alles op is. Eindig met een naturel crêpe.**
- **Laat ten minste 3 uur rusten op een koele plek. Bestrooi voor het serveren met cacao.**

Tomkoekjes

VOORBEREIDING 10 MIN.

VOOR 4 TOMPOEZEN

200 g chocolade
200 ml koude slagroom
100 g mascarpone
1 verpakking crêpes dentelles (webshops), of wafelrolletjes of lange vingers
100 g salted caramel saus (naar keuze)

RECEPT

- **Smelt de chocolade au bain-marie of in de magnetron.**
- **Klop in een kom de slagroom en mascarpone tot een stevige room. Roer de gesmolten chocolade erdoor. Doe de chocoroom in een spuitzak met een gladde of geribbelde spuitmond van 10 mm.**
- **Leg voor elke tompoes 2 wafelrolletjes tegen elkaar.**
- **Breng met de spuitzak 5 puntjes chococrème aan op elk rolletje. Leg daarop 2 andere rolletjes. Spuit 6 of 7 puntjes room in de naad tussen de twee bovenste rolletjes (breng desgewenst nog een laag rolletjes aan, zoals op de foto).**
- **Besprenkel de 'tompoezen' vlak voor het serveren als je wilt met salted caramel saus.**

Tapiocapuddinkjes

VOORBEREIDING 5 MIN. | BEREIDING 30 MIN. | RUSTTIJD 2 U

VOOR 4 À 6 SCHAALTJES

400 ml kokosmelk
400 ml melk
70 g basterdsuiker
50 g pure chocolade
50 g tapiocakorrels
gemalen kokos of kokosschaafsel, voor de decoratie

RECEPT

- **Verhit beide soorten melk op laag vuur samen met de suiker en chocolade.**
- **Voeg zodra het mengsel warm en glad is de tapiocakorrels toe. Laat alles 30 minuten zachtjes doorkoken; roer regelmatig.**
- **Schenk het mengsel in de beoogde schaaltjes en laat het ten minste 2 uur rusten op een koele plek.**
- **Bestrooi de puddinkjes voor het serveren met kokos.**

Mousse au chocolat

VOORBEREIDING 5 MIN. | KOELTIJD 3 U

VOOR 6 PERSONEN

1 reep pure dessertchocolade
5 eieren
1 snufje zout

RECEPT

- Breek de chocolade in blokjes en smelt ze au bain-marie of in de magnetron.
- Splits de eieren.
- Klop de gesmolten chocolade door de dooiers.
- Klop met een elektrische mixer de eiwitten tot een vrij stevig schuim.
- Voeg 1 flinke eetlepel van het eiwitschuim toe aan het chocolademengsel en klop flink met een houten lepel.
- Spatel de rest van het eiwitschuim er voorzichtig door. Zorg dat het gelijkmatig verdeeld wordt.
- Laat de mousse tot het serveren 3 à 4 uur opstijven in de koelkast.

Truffeltijd

VOORBEREIDING 20 MIN. | BEREIDING 40 MIN. | KOELTIJD 2 U

VOOR 30 TRUFFELS

100 ml crème fraîche
250 g pure chocolade
20 g zachte boter
50 g cacao
100 g hazelnoten
4 gekonfijte sinaasappelschillen
50 g kokosschaafsel

RECEPT

- **Breng de crème fraîche aan de kook.**
- **Smelt de chocolade au bain-marie of in de magnetron.**
- **Klop van het vuur af met een garde de boter, chocolade en crème fraîche tot een glad geheel.**
- **Leg er plasticfolie op en laat 2 uur rusten op een koele plek.**
- **Maak met een derde van het deeg balletjes iets kleiner dan walnoten en rol ze door de cacao.**
- **Maak met een ander derde deel deeg balletjes met daarin een hele hazelnoot en rol ze door gebroken hazelnoten.**
- **Maak met het laatste derde deel balletjes met daarin een stukje sinaasappelschil en rol ze door het kokosschaafsel.**

Chocoladestammetje

VOORBEREIDING 20 MIN. | BEREIDING 20 MIN.

VOOR 6 PERSONEN

Voor het gebak:
4 eieren
125 g basterdsuiker
125 g bloem
1 snufje natriumbicarbonaat of bakpoeder

Voor de chocoladeganache:
200 g chocolade
30 g boter
250 ml slagroom

RECEPT

- **Begin met het gebak. Zet alles afgewogen en wel klaar voor je aan de slag gaat. Verwarm de oven voor op 180 °C.**
- **Klop de eieren met de suiker tot ze verdubbeld zijn in volume.**
- **Spatel de bloem en het natriumbicarbonaat erdoor met behulp van een spatel of pannenlikker tot je een homogeen beslag hebt. Schenk dit op een bakplaat bekleed met bakpapier.**
- **Bak het 20 minuten. Leg zodra het gebak uit de oven komt een vochtige theedoek erover en rol het vrij strak op, inclusief het bakpapier. Laat afkoelen.**
- **Smelt voor de chocoladeganache de chocolade en boter au bain-marie of in de magnetron. Breng de slagroom aan de kook en spatel de warme room in 3 porties door het chocolade-botermengsel.**
- **Rol het afgekoelde gebak weer uit en verwijder het bakpapier. Bestrijk met chocoladeganache en rol het gebak weer vrij strak op.**
- **Snijd een plak van het stammetje en leg die erbovenop.**
- **Besprenkel het stammetje met de rest van de ganache en maak er met een vork een patroon in waardoor het geheel op een boomstam lijkt.**

DANKWOORD

Ik wil graag Emmanuel bedanken, voor zijn vertrouwen en genegenheid; en Fanny, voor haar vriendschap, goede humeur, neus voor lekkere dingen en haar professionele input. Dank aan David voor zijn mooie foto's, zoals altijd! Dank aan Christine voor haar topstyling, ook zoals altijd! Ik draag dit boek op aan Francis, die beter is dan welke chocolade ook... Een blokje chocolade voor al mijn vrienden, vooral voor Franck en Christelle, die mij hun bakvormen leenden, dank jullie wel! Speciale dank aan Alexia Ritter, de grootste chocoladefan van de Melkweg, en die, zeker weten, ten minste 1% van de wereldwijde chocoladeproductie in haar eentje verorbert! En een knipoog naar Florence, die dit boek GE-WEL-DIG zal vinden!

Je vindt me ook op internet, op guillaumemarinette.com of op mijn YouTube-kanaal Apéro Addict.

Citrus 2019

Voor het Nederlandse taalgebied:

(email: info@uitgeverijcitrus.nl)
Citrus is onderdeel van Uitgeverij Lecturis BV

Oorspronkelijke titel: Juste un bar au chocolat

Vertaling: Renate Hagenouw

ISBN 978 94 6226 337 6
NUR 440